AF226989

NOTICE BIOGRAPHIQUE

SUR M. L'ABBÉ

TUVACHE DE VERTVILLE,

DOYEN DU CHAPITRE

ET VICAIRE GÉNÉRAL DU DIOCÈSE DE ROUEN,

PAR

M. L'ABBÉ NEVEU,

Aumônier du Lycée de Rouen, Chanoine honoraire d'Évreux.

ROUEN,

IMPRIMERIE DE H. RENAUX,

Rue de l'Hôpital, 25.

1854

INTRODUCTION.

Que notre département ait eu ses illustrations dans les trois genres, c'est un fait surabondamment consigné dans les annales de la science, des lettres et des arts. Chacun des nobles champions qui se sont distingués dans cette triple arène a trouvé son poète ou son historien pour défendre sa mémoire d'un injurieux oubli. La Normandie n'est-elle donc qu'un département, une réunion d'hommes tout matériels et tout profanes, exclusivement destinés à exploiter la mine de l'agriculture et du commerce, à faire leur cour aux Muses et au dieu du Parnasse? N'est-elle pas aussi un diocèse, c'est-à-dire un peuple chrétien, de la reconnaissance duquel doit avoir aussi bien mérité quiconque aura travaillé puissamment et glorieusement à son instruction et à son plus grand bonheur? Le contraire nous paraîtrait une haute inconvenance et une injustice criante. Si donc il se présente à nos yeux, dans la sphère de nos intelligences d'élite, un de ces astres lumineux qui ait brillé au milieu de nous pour la gloire de la religion, n'est-ce pas pour nous un droit, n'est-ce pas même un devoir de le signaler à l'admiration de nos compatriotes, d'empêcher qu'il ne s'efface de notre horizon qu'il embellit, comme les autres, de l'éclat qui lui est propre? Cet astre, nous l'avons vu; d'autres l'ont observé avant nous et apprécié mieux que nous; mais, hélas ! pourquoi faut-il qu'ils nous aient laissé la tâche si difficile de le remettre en lumière et de réclamer pour lui la distinction qu'il mérite? Sans doute ils n'ont eu ni le temps ni la témérité de l'entreprendre. Pour nous, à qui le manque de temps ne peut servir d'excuse, nous n'avons besoin que d'en trouver une à notre témérité. Nous avons cru la voir dans la douce espérance d'être agréable à nos confrères, en leur parlant de M. L. Tuvache, quelle que soit la manière dont nous en parlerons. Qu'ils acceptent donc cette simple Notice comme un témoignage de notre bon vouloir, un hommage du pro-

fond respect qu'ils ont voué, comme nous,
à la mémoire de ce savant et saint prêtre,
un gage de sincère dévouement à la gloire
de notre commun et bien-aimé diocèse.

NOTICE BIOGRAPHIQUE

SUR

M. L'ABBÉ TUVACHE DE VERTVILLE.

Louis-Théopompe TUVACHE naquit à Rouen, le 30 janvier 1744, de M. Marin Tuvache de Vertville, conseiller-avocat et procureur du roi honoraire des siéges généraux de la table de marbre du Palais à Rouen, procureur du roi de l'amirauté de cette ville, et de dame Marie-Anne-Julie Maurice de la Motte.

L'honorabilité d'une famille se préjuge déjà sans doute par l'honorabilité même du rang qu'elle occupe dans la société. Mais notre procureur n'était pas un de ces hommes qui consentent à devoir toute leur considération à la noblesse de leurs ancêtres et à la dignité de leur position : tous ceux qui l'ont connu savent que sa vie publique et sa vie privée furent à la hauteur de l'une et de l'autre ; et son petit-fils , dans lequel il revit tout entier, est encore là pour témoigner par l'élévation de ses sentiments que sa fortune ne fut que la moindre partie du bel héritage qu'il a légué à sa famille.

L'enfance et l'adolescence de Louis Tuvache, renfermées dans le cercle ordinaire des habitudes du premier âge, ne nous présentent aucun de ces incidents remarquables qui révèlent parfois dans l'enfant un homme destiné à faire de grandes choses. Il préludait ainsi à cette vie simple et modeste qu'il affectionna toujours, sans l'affecter, comme la sauve-garde de ses éminentes qualités qu'il craignait de montrer au grand jour. Cependant son goût précoce pour l'étude et pour la piété ne tardèrent pas à présager à sa famille une illustration qui lui ferait un jour grand honneur dans le monde, et à l'Église de Rouen un de ces flambeaux ardents et lumineux, *lucerna ardens et lucens*, qui brillent pour l'édification et l'instruction de plusieurs. Comme à ses qualités intrinsèques se joignait en lui le bienfait de la première éducation qui , si elle n'est pas indispensable au développement des talents naturels, leur prépare du moins une entrée plus facile dans les cœurs, et dispose l'homme à se faire tout à tous, le jeune Louis, par la politesse de ses manières, par cette vertu secrète qui s'échappe du bon ton et se mélange si heureusement avec la bonne odeur de la piété pour attirer les âmes, ne tarda pas à conquérir, avec l'estime de ses supérieurs, une confiance qu'on pourrait dire universelle.

Présenté, en vertu d'un dimissoire de Monseigneur de la Rochefoucauld, son archevêque, à Monseigneur Christophe de Beaumont, archevêque de Paris, il reçut de celui-ci, le **29** décembre 1764, la première tonsure, et deux années après, les ordres mineurs. Promu au sous-diaconat, à Rouen, par Monseigneur de la Rochefoucauld, le **19** septembre **1767**, puis, en **1768**, au diaconat, par Monseigneur de Beaumont, il reçut, cette même année, le diplôme de bachelier ès-lettres, avec tous les honneurs d'un brillant examen. L'année suivante, c'est-à-dire dans sa vingt-cinquième année, il fut élevé au sacerdoce par le même Monseigneur de Beaumont, à Paris, avec les ordinands du séminaire Saint-Sulpice. Il recueillit donc, comme on vient de le voir, la plus grande partie de son instruction et de ses ordres dans un diocèse étranger ; mais Monseigneur de la Rochefoucauld, s'il voulut bien laisser à son intéressant sujet la liberté de prendre ailleurs ses provisions de science ecclésiastique et de distinctions littéraires, ne tarda pas à revendiquer, pour lui et pour son diocèse, le bénéfice de ses provisions faites. A peine eut-il donné, devant la Sorbonne et dans la thèse qu'il soutint avec tant d'éclat, la preuve de ce qu'il savait faire, que le jeune licencié fut appelé par le cardinal à la chaire de théologie, alors vacante au collége royal de Rouen par la démission de M. Cotton des Houssayes, qui mourut peu de temps après. A partir de cette promotion, c'est par une série presque non-interrompue qu'on voit le mérite bien constaté de M. l'abbé Tuvache s'élever jusqu'au dernier échelon des dignités ecclésiastiques ; et la rapidité avec laquelle Monseigneur de la Rochefoucauld fait succéder ses faveurs, montre qu'il avait hâte de le voir attaché à sa personne et admis dans sa plus grande intimité. Au titre de professeur donné en juin 1774, il ajoute celui de vice-gérant promoteur du diocèse et de la métropole ; au 1er juin 1778, il le présente au roi pour le canonicat de joyeux avénement auquel il avait été destiné par Louis XVI quatre ans auparavant : c'était la récompense du service notable qu'il venait de rendre au diocèse en le dotant de sa riche théologie. Installé par le doyen du chapitre Christophe Ferrisse , le 6 juin de la même année, il est nommé, en janvier 1779, promoteur-général du diocèse. Jacques – Philippe Parent laisse vacante , par sa mort , en 1783, la place de syndic en la chambre du clergé ; Monseigneur s'empresse de donner à son digne favori cette nouvelle marque de sa haute confiance ; et cette année ne s'écoulera pas qu'il ne l'ait appelé , par un titre spécial, à l'honneur d'être son commensal ordinaire et membre de son conseil. Pendant les sept années suivantes , il resta ainsi placé dans l'estime et l'affection de son évêque , justifiant un peu plus chaque jour l'heureux choix que le vénérable et judicieux prélat avait su faire de sa personne , lorsqu'advint pour lui, en 1790 , l'occasion de montrer qu'il n'était pas moins digne de la confiance du diocèse tout entier.

Il s'agissait, pour le chapitre de Rouen comme pour tous les autres, de protester énergiquement, quoique dans les limites du respect dû à l'autorité temporelle , contre une mesure évidemment injuste et attentatoire aux droits les mieux établis du pouvoir spirituel. Or, à qui devait-on confier la rédaction si délicate de cette protestation, dont l'aigreur imprudente pouvait compromettre la charité de l'Église en voulant sauver son honneur, et dont la tiédeur eût sacrifié aux ennemis de la religion, avec la dignité de ses représentants, la vérité qu'elle doit aux oppresseurs ? Évidemment à un de ces hommes droits et profondément dévoués qui, ne prenant conseil que de la conscience, ne savent pas transiger avec l'injustice, pas même en face du martyre. Le chapitre de Rouen comptait sans doute, parmi ses honorables membres, plusieurs de ces hommes d'élite ; mais, dans une circonstance si périlleuse, nul ne lui parut plus digne que M. l'abbé Tuvache de sauvegarder son honneur et sa foi.

Chargé de consigner dans un acte public et solennel ce qu'il appelle lui-même les dernières volontés de ses confrères, il rédige en leur nom cet acte capitulaire dont lecture fut donnée, le 23 novembre 1790, au milieu du grand chapitre convoqué extraordinairement, *per juramentum et domos*, et qui restera dans ses archives comme un magnifique témoignage de la convenance et de la bonne contenance gardées par les chanoines de Rouen au sein de la tourmente révolutionnaire.

Après avoir établi, d'un ton ferme et précis, « que ledit chapitre n'entend relever, pour les choses spirituelles, que de l'Église catholique et de ceux à qui elle a délégué ses pouvoirs, » il fait remarquer, avec cette logique clairvoyante et impitoyable qui arrache à l'erreur le masque qui la couvre, l'ingénuité ou la mauvaise foi de l'assemblée qui rend elle-même à ce principe un hommage forcé, en n'osant proposer aux prêtres ses perfides innovations que sous le titre hypocrite de *Constitution civile* du clergé. Il rappelle ensuite que les devoirs attachés par l'Église à une portion quelconque de son ministère, pouvant se remplir partout, au moins de la manière qui se rapproche le plus de l'usage ordinaire, les évêques et leurs co-opérateurs devront, à l'exemple de ceux qui les ont devancés dans la voie de la persécution et de l'exil, emporter dans leur fuite la plénitude de leur juridiction, et en continuer l'exercice, au péril même de leur vie, soutenus par cette seule pensée qu'ils font la volonté de Dieu, à qui il faut obéir plutôt qu'aux hommes. Puis, après avoir mentionné les diverses obligations dont chacun devra se croire chargé jusqu'à la mort ; pourvu, par la nomination de trois vicaires généraux et d'un promoteur qui devront tous résider à Rouen, à l'exercice de la juridiction spirituelle appartenant audit chapitre, il termine par ces paroles qu'on ne peut lire sans attendrissement, et dont mes confrères ne me pardonneraient pas de ne leur avoir donné qu'une froide analyse, quand je puis leur faire partager les douces émotions de ce langage vraiment apostolique :

« Ne se dissimule pas, dit-il, le chapitre de
« l'Église de Rouen, que la démarche par lui
« faite aujourd'hui, applaudie par les vrais
« fidèles qui connaissent toute l'indépendance de
« l'Église et de ses ministres dans les choses
« purement spirituelles, sera peut-être improu-
« vée par un petit nombre de personnes, dont
« la foi plus chancelante, l'esprit moins éclairé,
« le cœur plus tiède, sont peu disposés à croire
« aux bonnes intentions, au sacrifice du désin-
« téressement, à l'empire du zèle et de la cons-
« cience. Il s'efforcerait de souffrir avec résigna-
« tion cette injustice, s'écriant avec les Israélites
« séparés de l'Arche-Sainte par le Jourdain : Il
« le sait, ce Dieu tout-puissant, il le sait, et tout
« Israël le comprendra un jour, qu'un esprit de
« prévarication ne nous a point excités à cette
« déclaration solennelle, que nous ne la publions

« que pour qu'elle soit un témoignage entre nous
« et les fidèles de ce diocèse, entre nos succes-
« seurs et leurs enfants, de notre droit et de
« notre obligation au service du Seigneur, à
« l'oblation du sacrifice et à toutes les autres
« fonctions à nous confiées par l'Église. Du reste,
« nous reconnaissons que ce sacré dépôt n'est
« pas tellement en nos mains, que l'épouse de
« Jésus-Christ, qui nous l'a confié, ne puisse le
« reprendre. Nous lui promettons d'avance la
« soumission la plus prompte et la plus absolue,
« aussitôt qu'elle manifesterait la volonté de
« concourir avec la puissance temporelle à l'ex-
« tinction de notre nom dans l'ordre de sa hié-
« rarchie. Certains qu'elle nous regretterait
« comme ses enfants et son ouvrage, et qu'elle
« nous regarde comme une des précieuses por-
« tions de son immortel ministère, notre cœur
« gémirait moins que le sien du coup mortel
« que les circonstances l'auraient forcée de nous
« porter. Que le calme rentre dans son sein,
« que nos concitoyens reprennent ou conservent
« pour cette tendre mère l'amour qu'il lui doi-
« vent! que Dieu s'apaise, qu'il rende au peuple
« français son caractère et ses vertus...., et nous
« nous estimerons heureux d'avoir contribué,

« comme victimes d'expiation, à ce retour de
« l'ordre, qui seul peut réparer une partie des
« malheurs publics! Cet espoir nous suivra dans
« nos retraites et répandra quelques douceurs
« sur les restes solitaires d'une vie que nous
« aurions voulu uSer tout entière au service de
« l'Église. »

Suivent les signatures indiquées ci-dessous :

MM. de S. Gervais, *doyen ;* Davoult, Delarue,
Bridel, Osmont, Duval, Perchel, Gaillard
de Morlet, d'Angerval, Desmoulins, Papil-
laut, d'Omonville, Quèvremont, Quiesde-
ville, de Goyon, La Bruyère, Tuvache,
Manoury, Dubosc, Bâton, Baroche, Ma-
rion, Le Ber, Harel, et Robin, *secrétaire.*

Bientôt parut ce serment trop fameux, qui fut
pour le clergé de France l'occasion de donner au
monde chrétien le double spectacle d'un dévouement sublime et d'un affreux scandale, de faire
le discernement, quoique dans un sens contraire
en apparence à celui de l'Évangile, entre le bon
Pasteur qui donne sa vie pour ses brebis, et le
Pasteur infidèle qui la sauve à ses risques et
périls. Car alors c'était pour le bon prêtre se
sacrifier lui-même et sauver les âmes que de se

soustraire à ce serment impie, puisqu'il emportait dans sa fuite prudente le précieux dépôt de la foi, de la doctrine et de l'autorité de l'Église, pour le lui conserver au prix de tous les maux de l'exil et au péril même de ses jours ; et n'était-ce pas pour l'autre au contraire sacrifier ses frères que de rester au milieu d'eux pour conserver ses biens et son existence en livrant au pouvoir civil ce triple héritage que la religion lui avait confié ? Tout le monde connaît la formule de ce serment qui ordonnait aux prêtres « de maintenir de tout leur pouvoir la constitution décrétée par l'Assemblée nationale » : serment absurde quant aux articles encore à décréter, puisqu'il renfermait un acte de foi sur l'infaillibilité d'une assemblée qui, je pense, était quelque peu susceptible d'erreur ; serment impie quant aux articles déjà décrétés, qui confisquaient aux Pasteurs de l'Église, au profit de la puissance civile, la juridiction du sacerdoce, détruisaient les évêchés, en érigeaient de nouveaux, envoyaient leurs évêques et leurs prêtres intrus absoudre, prêcher, ordonner, c'est-à-dire dresser un autel, une chaire, un tribunal sacriléges dans ces églises nouvelles où Jésus-Christ ne les avait pas envoyés, plaçaient, par un renversement étrange, les évêques sous la dépendance et le jugement de leurs prêtres, et réduisaient l'autorité du pape à une simple lettre de communion qui n'était, au fond, qu'une hérésie mal dissimulée et une révolte hypocrite contre le chef souverain des prêtres et des fidèles, proscrivaient la profession religieuse et le célibat des prêtres, préludant ainsi à ce monstrueux décret qui devait bientôt chasser du sanctuaire cette chaste génération des vierges pour placer sur l'autel leurs déesses impures, la plus désolante et la plus éhontée des abominations qui aient jamais souillé le saint des saints. Loin de moi l'orgueilleuse pensée de faire ici un procès sans pitié à ceux de nos confrères qui, soit par une crainte inexcusable, soit par une indigne séduction (comme l'a prouvé leur prompte rétractation après connaissance de cause), ont souscrit cet odieux serment. Quoique ma conscience me dise bien haut que je n'aurais pas dû, que je n'aurais pas voulu le prêter, je n'oublie pas qu'il est facile d'être brave en face d'un danger qui n'est plus que dans l'histoire; je ne puis croire que l'on ne doive autre chose que le mépris à des frères égarés que l'Église elle-même a couverts du manteau de sa charité et relevés, après leur pénitence, aux sublimes fonctions d'où ils étaient tombés ; enfin , présenter l'épreuve comme facile à vaincre , n'est-ce pas diminuer le mérite et l'honneur de ceux qui l'ont vaincue , et arracher aux martyrs du serment le plus beau fleuron de leur couronne ? Nous nous contenterons de dire que M. l'abbé Tuvache fut du nombre et des premiers de ces élus qui refusèrent le serment pour la mission glorieuse de porter sur la terre étrangère le spectacle édifiant de leurs vertus et les bienfaits de leur ministère.

Émigré à Westminster, en 1792 , avec la permission de résider à Londres et dans les environs, il y demeura jusqu'en 1802 , vivant en apôtre, non du travail de ses mains , mais du modique salaire de ses leçons par lesquelles il suppléait à l'absence de ses revenus, que la révolution empêchait d'arriver jusqu'à lui.

En l'année 1800 , il reçut de Monseigneur l'archevêque de Rouen , alors en Westphalie , et de Monseigneur l'évêque de Londres , le titre de vicaire-général de ces deux diocèses , pour en exercer les pouvoirs en faveur des prêtres français qui résidaient en Angleterre.

Le 8 vendémiaire an XI de la république, après le concordat passé entre le gouvernement français et Sa Sainteté Pie VII, il se présenta devant le maire de Rouen pour réclamer l'amnistie et le droit de rentrer dans ses biens. Il n'est pas besoin de dire que la conscience ferme et délicate du bon prêtre, qui lui avait fait refuser son obéissance spirituelle à un pouvoir qui n'avait pas le droit de l'imposer, ne lui avait permis aucune tentative contre la puissance temporelle que Dieu lui-même avait suscitée pour le châtiment de sa patrie. Il fut réintégré dans ses droits de cité et de propriété. Mais la tempête qui avait englouti le sceptre, la couronne et la tête d'un roi, n'avait pas, comme on doit le penser, respecté les faveurs de son joyeux avènement. Toutefois, la révolution n'avait pu enlever à notre digne abbé sa vertu ni son mérite ; l'une et l'autre n'attendaient qu'un homme capable de les distinguer. Monseigneur Cambacérès ne fut pas long-temps à le tirer de la foule. Dès l'année 1803, il le nomma chanoine honoraire, le désigna pour le premier canonicat titulaire vacant, dont M. Tuvache prit possession en 1811 ; et deux années plus tard, en 1813, il lui donnait le double titre de premier vicaire général et de doyen du chapitre, avec cet éloge du passé et cette prophétie qui devait être si bien justifiée par l'avenir :

« Vos vertus, vos lumières ont dicté mon choix,
« et le clergé de mon diocèse me saura gré
« d'avoir placé en vous ma confiance et mon au-
« torité. » Ces vertus, ces lumières qui jetaient
un si vif éclat sur notre diocèse, ne pouvaient
échapper, comme lui-même l'aurait voulu, à
l'œil de ceux qui sont chargés de les élever sur
ce chandelier d'or, d'où elles pourront éclairer
un plus grand nombre encore de ceux qui sont
dans la maison de Dieu. L'évêché de Séez était
vacant. Le 8 août 1817, il reçut, de Monseigneur
Talleyrand de Périgord, alors ministre des
affaires ecclésiastiques, une lettre confidentielle lui
annonçant que le roi le destinait à remplir le siége
épiscopal de Séez; « le pape, disait le ministre,
était déjà informé, la bulle de circonscription
arrivée », tant le succès de l'information paraissait
peu douteux. Mais la grande modestie de M. l'abbé Tuvache, qui ne lui laissait voir qu'une
lourde responsabilité là où le monde ne voit guère
qu'un honneur digne d'envie, ne put se résigner
au fardeau de la mître : il refusa. Monseigneur
de Talleyrand (qu'il ne faut pas confondre avec
l'évêque d'Autun, son neveu), fut prié par lui
de faire agréer son refus, et cela avec autant
d'instances qu'on en dépense d'ordinaire pour

appuyer une requête. Notre vénérable doyen eut
ce qu'il appelait lui-même « le bonheur » d'être
effacé du livre des élus à l'épiscopat. (En avertis-
sant qu'il ne faut pas confondre les deux homo-
nymes, je ne veux pas faire entendre que M. l'abbé
Tuvache n'ait eu aucune relation avec le neveu ; il
fut au contraire son maître à Saint-Sulpice et son
compagnon de voyage dans une excursion que celui-ci fit au Havre ; mais hâtons-nous d'ajouter
qu'*alors* ce M. de Talleyrand, qui *depuis*...... pouvait être rencontré en honnête compagnie.) Pendant la vacance du siége de Rouen, qui eut lieu
en 1818, le chapitre continua à M. Tuvache ses
pouvoirs de vicaire général, en société de M. Mal-
leux, et de cet homme vénérable dont la mémoire
sera en éternelle bénédiction dans notre diocèse,
M. l'abbé Holey. Son administration dura près
d'une année, Monseigneur de Bernis, successeur
de Monseigneur Cambacérès, n'ayant pris possession que le 13 septembre 1819 et n'étant arrivé
à Rouen que vers le 20 novembre de la même
année. Personne ne songea à la trouver trop
longue ; et le nouvel archevêque ne pouvait faire
mieux augurer de la sienne qu'en conservant au
diocèse son homme, dont on eût regardé la
déchéance comme un présage sinistre et une cala-

mité publique. Nommé grand vicaire, doyen du chapitre et official par Monseigneur de Bernis, il fut de nouveau, après la mort de celui-ci, maintenu par le chapitre dans cette triple dignité, qu'il conserva jusqu'à sa mort, arrivée deux mois après, le samedi 6 avril 1823.

Pour terminer ce qui nous reste à dire de sa vie administrative, nous ajouterons qu'on a conservé de lui plusieurs écrits qui, s'ils ne lui font pas autant d'honneur que sa théologie, n'en portent pas moins son cachet et présentent toujours cette heureuse alliance de douceur et de fermeté, d'où résulte l'onction, qui fut le fond de son style comme de son caractère : témoins son mandement à l'occasion de la mort du cardinal Cambacérès, une circulaire imprimée mais rédigée de sa main, où il invite les curés de canton à présenter les candidats aux cinquante-deux bourses créées par le conseil général en faveur du séminaire de Rouen, et surtout celle adressée par lui à tous les prêtres du diocèse, où il les engage à recommander l'œuvre de la vaccine, témoignant ainsi tout à la fois de l'esprit élevé de l'homme et de la charité du prêtre. Ce fut encore cette charité, aussi ardente pour la gloire de Dieu que zélée pour les intérêts du prochain, qui le fit placer à la tête du comité chargé de recueillir les aumônes pour la reconstruction du clocher de la cathédrale, incendié par la foudre en 1822 ; et la haute influence de sa position et de ses vertus ne fut pas la moindre recommandation pour cette quête, dont le chiffre s'éleva à plus de 100,000 fr.

Si nous voulons donner une idée juste et complète de sa vie privée, il nous suffira de citer ce conseil de l'apôtre où est tracé comme le symbole de la vie du bon prêtre : « Homme de Dieu, cultivez la justice, la piété, la foi, la charité, la mansuétude. » Juste devant Dieu et envers tout le monde, il avait, je ne dirai pas cette loyauté d'obligation qui paraît à peine digne d'être remarquée dans un homme de sa condition (quoique de nos jours elle soit devenue peut-être aussi rare que le sens commun), mais cette délicatesse d'équité qui, dans ses relations sociales, rendait à chacun ce qui lui était dû de considération, de prévenance, de respect, de concessions, de patience et de convenance ; en sorte que ceux qui essuyaient de lui un refus obligé n'auraient tenté de se plaindre que pour être condamnés par l'opinion publique, tant était profonde et universelle la conviction qu'il avait donnée de sa parfaite intégrité. Je me trompe, il y avait une personne pour laquelle il était souvent injuste : c'était lui-même, que sa modestie plaçait toujours au rang indiqué par l'Évangile, non pas, croyez-le bien, avec l'instinct de cette humble vanité qui s'attend à être forcée de monter plus haut, mais avec la simplicité du vrai mérite qui est toujours seul à ne pas voir la place d'honneur où les autres l'appellent. Sa piété douce et franche recommandait également la religion et sa personne à la confiance des laïques et des prêtres. Puis, s'il est vrai de dire avec Buffon que «le style est l'homme même,» ne laisse-t-il pas assez voir l'homme de Dieu dans ses écrits, où la foi des pères et des docteurs semble être passée tout entière avec les trésors de leur science? Quiconque voudra se renseigner sur sa charité, aille demander aux dames d'Ernemont ce qu'il enferma de ses revenus dans les fondations de leur communauté : le Ciel lui avait donné avec le nécessaire un peu de superflu; jamais dépôt ne fut placé en des mains plus dignes de le faire valoir; et si sa justice respecta toujours la part qui revenait en héritage à sa famille, sa charité sut se faire avec l'autre un grand nombre d'amis qui lui auront sans doute acquis là-haut une belle récompense. Sa mémoire, encore chère aujourd'hui à plusieurs familles de notre cité, n'est pas moins en bénédiction dans le village de Villainville, où il passait chaque année en faisant tant de bien, que le manoir de M. l'abbé Tuvache est montré par les pères à leurs enfants comme la maison du bienfaiteur des pauvres. Vous parlerai-je enfin de sa mansuétude, si vivement empreinte dans sa vie tout entière, qu'elle semble avoir dominé ses autres qualités d'ailleurs si éminentes, et que ceux qui étaient admis en partage de son commerce si doux, en contact habituel avec sa politesse exquise, l'affabilité de ses manières, cette égalité d'humeur sans exception de temps ni de personnes, avaient toujours de lui une même impression à garder, une même exclamation à faire entendre : «Ce bon M. Tuvache! »

Après l'examen de sa vie privée et de sa vie administrative, voulons-nous maintenant apprécier en lui le mérite du théologien? Il n'est besoin que de rappeler le programme des conditions d'une bonne théologie, tel que l'a si nettement formulé le judicieux Lamy. « La vraie théologie « scolastique, dit-il, n'est, à proprement parler, « qu'une logique raisonnant juste sur les dogmes « révélés, déduisant clairement les vérités qu'ils

« contiennent, les mettant à couvert des sophis-
« mes de l'hérétique et des objections de l'impie ,
« prenant juste dans l'étude de l'Écriture , dans
« l'histoire de l'Église et de la tradition , le sens
« naturel des propositions , et discernant ce qui
« fait preuve d'avec ce qui n'en a que la vaine
« couleur , fuyant la barbarie et la sécheresse
« sans cependant faire dégénérer des traités dog-
« matiques en déclamations , ne s'arrêtant point
« à des questions étrangères ou inutiles qui ne
« servent ni à l'instruction ni à l'édification. »
Voilà certes, rien de plus , rien de moins, l'idéal
d'une théologie parfaite ; voilà aussi, nous n'hé-
sitons pas à le dire, la théologie de M. l'abbé
Tuvache.

Pour faire ressortir avec plus d'éclat le mérite de
mon théologien, je veux essayer, non pas un con-
traste, mais une comparaison. Laissez-moi donc,
je vous prie, vous parler de M. l'abbé Bâton et
des autres ; je ne serai pas le premier assurément
qui réussirais à prouver que, dans ce genre d'ex-
cursions, la ligne courbe est le plus court chemin
pour arriver au but. Si donc je compare M. l'abbé
Bâton avec les autres théologiens de l'école , je
ne puis et comme moi vous ne pourrez lui refuser
une place distinguée , disons-le même, une préé-

minence marquée sur le grand nombre des théologiens modernes qui sont entrés avec lui dans la lice. Hâtons-nous même de prévenir, si nous voulons que notre critique échappe au soupçon d'enthousiasme et de partialité, que, dans ce parallèle, nous allons considérer M. Bâton, son collègue, dans les livres qu'il a laissés, et non dans la chaire que tous deux ont occupée avec grande distinction, mais où la verve de M. Bâton ne connaissait point de maître, si tant est même qu'elle admît un rival. Or, dans ses traités, quelle justesse et quelle clarté de divisions, quelle souplesse dans l'argumentation, quelle agilité à se mouvoir en tous sens pour faire face à tous ses adversaires dont il pare tous les traits en trouvant toujours place pour le sien ! Quand il lutte corps à corps, dans quelle étreinte il vous serre son homme et lui ôte jusqu'à la liberté de reprendre haleine ! S'il prend du champ pour combattre, comment tenir longtemps contre ces coups redoublés tombant, non de la massue d'Hercule, mais du poing de ces athlètes passés maîtres en pugilat, ou de ce nuage dont parle Quintilien, qui verse à profusion une grosse grêle qui aveugle et qui tue ? Je ne parle point de cette finesse d'esprit dont il ne pouvait guère user, sans abus, dans un sujet si grave, mais qui parfois encore arrive assez à propos pour surprendre au lecteur fatigué de la discussion un sourire dont il ne lui garde pas toujours un mauvais souvenir. Ces qualités ne lui sont pas exclusivement propres, il est vrai ; on peut les rencontrer chez plusieurs de ses confrères en scolastique, mais seule à seule, et non comme chez lui, marchant en corps et de front dans une union qui fait sa force toute particulière. Mais voulons-nous maintenant le mettre lui-même en comparaison avec son collaborateur ? Je ne sais s'il faut s'en prendre à la faiblesse ou à l'illusion de mon optique ; mais il me semble que son étoile pâlit auprès de ce nouvel astre qui surgit à l'horizon. Je crois n'avoir vu tout à l'heure qu'un maître de second ordre qui vient de châtier l'insolence d'une troupe d'écoliers mutins, de les faire rentrer sous le joug de l'ordre matériel et d'un silence forcé ; mais voici venir le grand maître, qui, avec sa parole grave et persuasive, avec cette autorité qu'il tient de la raison et qu'il ne fait valoir que par elle et pour les intérêts de ses chers disciples, soumet en même temps les esprits et les cœurs. Tous deux visent et arrivent à ce double et même but : établir la vérité et réfuter l'objection ; mais avec une différence sensible dans les vues et dans les moyens. Le premier, quand il bâtit sa thèse , rassemble tous les matériaux qui peuvent entrer dans la composition de son édifice, fait appel à tous les arguments qui reviennent à son sujet ; il en a toujours un , quelquefois plusieurs, dont la solidité suffit à établir la vérité qu'il pose en principe, et que nulle objection ne saurait entamer ; mais sa malheureuse habileté à tirer bon parti des petites choses l'arrache trop tôt à la recherche des grandes, et semble le pousser instinctivement vers les preuves de détail , dont l'heureuse exploitation fait ressortir son talent, mais le talent secondaire de l'amplificateur. Enfin , la charpente est faite et elle tiendra , mais moins par la largeur et la solidité des fondations que grâce à l'art qui a su tout enchevêtrer, à l'économie qui a mis tout à profit. L'autre, au contraire, après avoir donné pour base à chaque vérité dogmatique le principe le plus large et le mieux éprouvé, semble avoir choisi d'avance, parmi tous les arguments de la théologie et de la dialectique, ce qu'il y a de vraiment fort et de naturellement beau. Ce qui n'a que de l'éclat, il le dédaigne ; ce qui n'est que spirituel , il le rejette; il n'a d'yeux que pour le vrai; il sait qu'il ne bâtit pas pour le roi d'Égypte, ce ne sont pas des pailles qu'il cherche; ce qui est solide, inébranlable, trouvera seul grâce devant lui et place dans son chef-d'œuvre. On dirait un riche propriétaire de Normandie qui, sachant qu'il a dans ses forêts et dans ses carrières assez de pierres et de bois pour bâtir un palais, s'arrête à la fantaisie d'élever une maison; mais il faudra que chaque madrier, que chaque pierre soit faite pour entrer dans la construction d'un Louvre; car il bâtit, lui, comme un autre peignait.... pour l'immortalité.

S'agit-il de réfuter l'objection? Dans l'un et l'autre, l'incrédule trouvera son maître; mais malheur à qui s'en prend à M. l'abbé Bâton. Il lui faudra d'abord, sous peine de mauvaise foi, reconnaître son tort, rendre à la vérité un hommage forcé; mais après que le théologien aura fait la part de la vérité, l'homme d'esprit voudra prendre la sienne; quand il aura écrasé son homme par la force de sa logique, il prendra en main le glaive du ridicule qui lui fera payer chèrement les frais de la guerre et le malheur du vaincu. Mais quelquefois aussi, par un de ces revers soudains qui, dans les luttes d'esprit comme sur

le champ de bataille, trahissent l'abus de la vic-
toire, le glaive frappe dans le vide et fait trébu-
cher le vainqueur qui tombe et saigne du nez à son
tour, au contentement secret de tous les regar-
dants. Dans M. l'abbé Tuvache, au contraire,
vous ne voyez que le défenseur de la religion.
Exclusivement occupé à poursuivre le triomphe
de celle qui l'envoie, il ne vise à l'esprit et au
cœur de l'incrédule que pour soumettre l'un et
l'autre à la vérité qu'elle enseigne ; ce n'est pas
sous la force de son bras, c'est sous le doigt de
Dieu qu'il veut forcer son adversaire à courber la
tête ; et à travers les coups de massue dont il
étourdit sa raison, il respecte son amour-propre
et le laisse se retirer du combat sans la moindre
blessure ; que dis-je, il lui tend une main géné-
reuse pour le relever et l'amener aux pieds de
cette religion pour laquelle il a combattu, en sorte
qu'on peut appliquer à sa théologie cette belle
parole de la sainte Écriture : « La vérité s'y est
rencontrée avec la miséricorde ; la justice et la
paix s'y embrassent comme deux sœurs, *miseri-
cordia et veritas obviaverunt sibi ; justitia et pax os-
culatæ sunt.* »

Lisez surtout, dirai-je à l'incrédule, relisez
souvent, et avec cette attention qui pèse la valeur

de chaque preuve, le traité si court et pourtant si complet *de la vraie Religion;* et eussiez-vous entassé dans votre cerveau tout le répertoire des objections faites et ressassées contre la vérité et la divinité de cette religion, depuis Celse jusqu'au dernier champion de l'Encyclopédie moderne, nous vous mettons au défi d'en produire une seule qui n'ait sa réponse péremptoire dans quelque page, dans un argument, quelquefois même dans un mot de ce livre admirable. Il y a plus, l'argumentation y est si serrée, la preuve si exubérante, que l'auteur, en faisant justice du passé, semble avoir fait d'avance la part de l'avenir ; et l'on peut dire que son œuvre participe à la fermeté de la pierre angulaire sur laquelle elle est assise et contre laquelle sont venus et viendront se briser tous les efforts de l'incrédulité.

Si de l'examen du fond nous passons à celui de la forme, quel plaisir n'aurons-nous pas à promettre encore aux amateurs de la belle et pure latinité, dans cette œuvre toute cicéronienne, où se révèle à chaque page l'empreinte du grand modèle qu'il avait toujours à la main. Si nous exceptons quelques termes techniques dont il faut imputer la nouveauté aux exigences de la science exacte qu'ils expriment, de l'austère théologie qui n'a souvent qu'un mot pour formuler un dogme, combien souvent il nous rappelle l'orateur romain par ses périodes si pleines de nombre et d'harmonie, par la propriété des termes, par la variété des tours, par l'heureux choix des épithètes dont pas une n'est oiseuse, enfin par l'embonpoint et la couleur dont il relève la face maigre et austère de la théologie scholastique, comme l'autre en paraît le squelette décharné de l'antique philosophie.

Après un tel éloge, une telle comparaison, on nous demandera peut-être comment une œuvre si éminente n'a pas trouvé chez nous un seul interprète pour la faire passer dans notre langue, au grand profit des hommes sérieux qui, à ce prix, feraient volontiers connaissance avec la théologie? A cette question, dont nous apprécions la justesse (puisqu'elle a plus d'une fois éveillé en nous le même regret et quelque chose de plus), nous opposerons les réflexions suivantes qui ont arrêté notre zèle indiscret et sauvé avec l'honneur du traité celui du traducteur des dangers de cette traduction. Outre la grande difficulté de faire passer dans une froide copie les beautés de style qui étincèlent dans l'original, on sait avec quelle répugnance l'esprit français subit

le joug de la forme scholastique ; on sait que la
discussion, si intéressante qu'elle soit par le fond
et par les conséquences qu'elle offre à sa raison,
doit se dégager des étreintes du syllogisme pour
courir et conduire le lecteur, avec des allures plus
libres et par des voies plus attrayantes, au but
sérieux qu'elle se propose, et où il ne se laisse
entraîner que malgré lui. Tel n'est pas et tel ne
doit pas être le mérite de la théologie de M. Tuvache, quelles que soient d'ailleurs la couleur et
la grâce dont il a su la revêtir. On conçoit alors
que pour accommoder une œuvre de ce genre
aux exigences du public scientifique ou litté-
raire, il faudrait, non la traduire, mais en expri-
mer la substance et la développer en plusieurs
volumes où, grâce à l'intervention indiscrète d'une
plume comme la nôtre, peut-être même de toute
plume autre que celle de l'auteur, elle perdrait
en solidité le centuple de ce qu'elle gagnerait en
étendue.

A qui donc s'adresserait, avec quelque chance
d'être lue, la simple traduction de ce traité scholastique ? Exclusivement aux élèves du sanctuaire,
à qui le dépôt sacré qu'ils sont appelés à défendre
impose cette science d'argumentation qui repousse
les objections et les doutes : or, à ceux-là il

serait dangereux de montrer une autre forme que celle adoptée par l'Église, la forme latine qui les prépare à la lecture de la Bible et des Pères qu'ils devront étudier dans cette langue, sous peine de laisser s'évaporer la meilleure part de la vertu secrète qui en découle et du parfum qu'ils exhalent.

Plût à Dieu que cette objection fût la seule dont il nous fallût défendre le mérite de cette théologie, et que nous n'eussions pas encore à justifier notre éloge de cette question fâcheuse, que ne manqueront pas de nous faire ceux qui l'ont connue par eux-mêmes et ceux qui apprennent de nous à la connaître : «Pourquoi donc cette théologie, selon vous si admirable et si importante à la gloire du diocèse, s'est-elle vu déposséder, en l'année 1832, de l'honneur d'enseigner le jeune clergé comme elle avait enseigné l'ancien, pour être remplacée par une théologie étrangère, suffisante il est vrai, mais dont le mérite *spécial* est de ne dire que ce que disent toutes les autres ? » Savez-vous, mon cher lecteur, que votre curiosité devient embarrassante? Si je vous réponds qu'elle a été remplacée parce que les professeurs du temps l'ont jugée inférieure à celle de Toulouse, j'impute au jugement de ceux-ci un travers qui n'est pas vraisemblable, et je soulève contre eux la réprobation de l'ancien clergé justement fier d'avoir été instruit à l'école d'un si grand maître. Si je vous dis au contraire qu'elle a été évincée à cause de sa haute latinité, et que l'autre n'a dû son intronisation qu'à son style élémentaire, j'entends nos successeurs se récrier contre un soupçon qui calomnie leur intelligence, et je fais encore de ce côté un mauvais parti aux auteurs de la substitution. Cherchons donc une raison plus concluante, car il nous en faut une ; et si nous désirons mettre à couvert le bon goût et l'amour-propre de ceux qui ont introduit la nouvelle, nous n'avons pas moins à cœur de sauver l'honneur de l'ancienne d'une préférence que rien ne saurait justifier. Nous donnerons donc, pour dernière raison de sa suppression, celle qui nous fut donnée, « la fin prochaine de l'édition qu'on ne pouvait renouveler sans des frais considérables et alors impossibles à supporter. »

Les traités sortis de la plume de M. Tuvache sont : le Traité de la vraie Religion, celui du Baptême, de l'Eucharistie, de la Pénitence, de l'Extrême-Onction et de l'Ordre : à M. l'abbé Bâton appartient l'honneur d'avoir écrit les autres.

Quand on lit ces traités, à voir cette argumentation pressante, cette méthode d'exposition si claire, cette précision dans les termes, enfin cette discussion si pleine de chaleur et de vie, on serait tenté de croire que notre théologien avait reçu le talent spécial et la mission exclusive de défendre la partie dogmatique. C'était là en effet le terrain de prédilection où l'appelaient le plus souvent ses tendances naturelles, mais sans préjudice pour la théologie morale, qu'on savait lui être si familière, que la plupart des consultations allaient à son adresse et revenaient toujours aux consultants chargées d'une réponse développée qui éclairait leur jugement, ou d'une décision nette et franche qui dégageait leur conscience. Nous avons sous la main une de ces consultations qui lui fut adressée par Monseigneur de Fréguier, sur la question scabreuse du papier-monnaie : nous la mettrons sous les yeux de nos lecteurs, qui jugeront si le casuiste le cédait de beaucoup au défenseur du dogme.

A cette question : « N'est-ce pas coopérer à « une injustice que de s'acquitter avec le papier- « monnaie, » après avoir distingué certains cas exceptionnels, comme celui d'un contrat postérieur à l'émission du papier, où il serait convenu expressément entre les parties que le rembour-

sement se ferait en numéraire, il répond : « Nous
« ne pouvons, ni vous ni moi, prononcer qu'il y
« ait véritablement injustice de la part de l'État.
« Ne peut-on pas en effet supposer que si tout le
« monde eût concouru à soutenir le crédit du
« papier, il n'eût pas ainsi baissé, que peut-être
« même il eût augmenté ; que si le gouvernement
« se voyait forcé à une banqueroute (et une ban-
« queroute n'est pas toujours une injustice), il
« importait peut-être au salut de l'État qu'elle
« se fît de cette manière, parce qu'elle était la
« moins convulsive. D'où il conclut que tout par-
« ticulier, en donnant son papier-monnaie, a
« droit de dire à son créancier : « Je ne coopère
« pas à une injustice, je ne fais que m'en sauver ;
« si je ne vous remets pas ce papier que j'ai reçu
« au même taux, je serai moi-même victime,
« non de la justice, mais de ma délicatesse. »
« Puis, il ajoute : « Si les mesures du gouver-
« nement ont été sages et que la quantité du pa-
« pier émis fût proportionnée aux ressources, le
« discrédit du papier-monnaie vient originaire-
« ment de ceux qui l'ont donné au rabais pour
« accumuler l'argent ; et alors c'est sur eux seuls
« que pèse l'obligation de restituer. Si au con-
« traire les circonstances étaient telles que, même

« sans agiotage, le papier ne pût se soutenir,
« alors la perte à supporter doit être regardée
« comme une charge que l'État impose sur la gé-
« néralité des citoyens. Mais cette charge, il ne
« la répartit point sur chacun des individus ; il ne
« dit point à celui entre les mains duquel tombe
« un assignat discrédité : « Vous perdez tant pour
« cent, » il lui dit au contraire : « J'entends que
« vous n'y perdiez pas ; » « et ainsi il laisse cette
« perte ou charge commune à distribuer selon le
« plus ou moins d'activité ou d'industrie, et sur-
« tout suivant la quantité plus ou moins considé-
« rable de dettes actives que chacun peut avoir
« à réclamer : car, en dernier ressort, ce sont ceux
« à qui il est dû davantage qui reçoivent le plus
« d'assignats ; n'y a-t-il pas en cela une sorte de
« justice distributive, puisque ceux qui ont le
« plus de créances sont par cela même plus en état
« de supporter les pertes ? » En outre, il cite
« l'exemple de plusieurs gouvernements qui ont
« eu recours à ce moyen d'éviter la banqueroute ;
« et il justifie leur expédient par la sanction de
« tous les tribunaux, où les hommes les plus
« éclairés et les plus intègres ont fait respecter
« l'autorité de la loi, pour maintenir l'ordre dans
« la société et éviter dans leurs jugements un

« arbitraire qui eût entraîné les conséquences
« les plus désastreuses ; il établit enfin une ana-
« logie entre la valeur du papier-monnaie et celle
« de l'argent, qui lui-même a subi plus d'une fois
« en France la hausse ou la baisse, sans que
« personne ait songé à protester contre cette al-
« tération et à réclamer la réparation du tort qui
« pouvait en résulter. »

Bon nombre de personnes qui connaissent la
théologie de M. Tuvache applaudiront volontiers
et ajouteront encore à l'éloge que nous venons
d'en faire. Mais il est un autre genre de mérite
qui n'a eu pour témoins que les anges de la soli-
tude, et dont la révélation ne nous paraît pas
moins intéressante pour la gloire du diocèse et
pour l'honneur de la communauté qui a joui si
longtemps du bienfait de sa direction. Donné,
en 1790, comme supérieur à la maison des dames
d'Ernemont, et en 1804, à celle de la Providence,
où l'on garde encore avec grande vénération son
portrait et son souvenir, il ne négligea rien de ce
qui pouvait assurer à ces deux communautés le
bon esprit et les hautes vertus du ministère
qui leur était confié. Les quelques extraits que
nous allons citer des allocutions qu'il adressait
aux sœurs hospitalières, à l'occasion de leur

prise d'habit ou de leur profession, suffiront pour nous convaincre que, s'il n'a pas élevé le prédicateur à la hauteur du théologien, il faut s'en prendre non pas au manque de sensibilité et d'énergie qu'il possédait au contraire avec surabondance, mais au défaut de l'organe et de cette action à laquelle le peuple attache malheureusement la même valeur et la même condition que Démosthène, et sans laquelle le discours le plus digne d'être écouté ne trouve pas plus grâce à ses yeux qu'à ses oreilles. Entendez-le parler de la conscience fausse et des transformations diverses que lui fait subir la mauvaise volonté ou la mauvaise foi :

« La lumière est trop vive, dit-il, elle importune, on l'obscurcit de telle sorte qu'elle ne rend plus que de fausses lueurs ; le juge est trop rigoureux, on le corrompt ; ce guide si sûr et si clairvoyant, on l'aveugle, on l'égare ; ce moniteur si vigilant, on l'endort ; cette règle si droite et si inflexible, on la courbe et on la fausse. La conscience vraie, au contraire, loin de se craindre et de se fuir, rentre volontiers au-dedans d'elle-même ; elle se rapproche en quelque sorte de Dieu, dont le bonheur est de se voir et de contempler sa propre excellence. »

Dans une autre conférence, après avoir parlé du sentiment naturel de commisération qui se laisse souvent décourager par les difficultés, émousser par la continuité ou dominer par l'amour de soi-même, il ajoute : « Aussi n'est-ce pas sur le seul sentiment de la compassion et de l'humanité que la Providence a fondé la ressource du malheur et de la souffrance ; elle lui a donné pour appui un sentiment plus efficace, plus constant et plus désintéressé. Et reconnaissons ici une des grandes vues de la sagesse et de la bonté divine, en accordant aux hommes le bienfait de la religion chrétienne, dont elle a fait et la plus douce consolation des malheureux et le plus sûr garant des secours qu'il est en droit de réclamer. Vous donc, hospitalière chrétienne, vous ne vous bornerez pas aux mouvements d'une compassion humaine et toute naturelle : vous vous élèverez au-dessus de l'humanité souffrante en votre prochain, pour envisager en lui par la foi Jésus-Christ même à soulager. Ainsi, miséricordieuse pour l'amour de Dieu, vous le serez envers les hommes de tous les âges, de toutes les conditions, de tous les pays, de toutes les religions ; miséricordieuse pour tous les maux grands ou petits, affreux ou supportables, contagieux ou sans danger ; miséricordieuse malgré les fatigues et les dégoûts, à travers les contradictions et les ingratitudes, malgré les maladies et en face de la mort même ; car mourir ainsi, c'est être martyre, c'est échanger votre miséricorde d'un jour contre les miséricordes infinies qui se chantent dans l'éternité. » Quand il parle de sa miséricorde, il n'est pas près d'en finir ; c'était, comme nous l'avons dit, le fond de son caractère ; c'est aussi comme le centre et le rendez-vous de toutes ses pensées. Parlant de la sœur hospitalière, il dit : « Au milieu de tous les besoins et de tous les maux qui accablent l'humanité souffrante, elle n'entend que plaintes et gémissements, elle n'aperçoit que des visages pâles et abattus ; l'image de la maladie et de la mort entre par tous ses sens, pénètre au plus profond de son cœur qui ressent, comme celui de l'apôtre, le contre-coup de toutes les douleurs de ses frères. Ah ! n'est-il pas à craindre qu'elle ne se prenne de dégoût à la vue de ces plaies hideuses, ou de découragement sous le poids de tant de désolations ? Hâtez-vous de venir à son secours avec le cortége de vos vertus ! Elle vient, mes chères sœurs, cette religion bienfaisante ; elle lui présente *le flambeau de la foi*, et la sœur ne voit plus dans ce malade que la personne de

Jésus-Christ, dans ses plaies dégoûtantes que celles de son Sauveur agonisant et mourant pour elle ; puis vient l'*obéissance* qu'elle a vouée à son Dieu, et alors : « Vous l'ordonnez, mon Dieu, lui dit-elle, ce malade me vient de votre part, vous me demanderez compte un jour de ce que j'aurai fait pour la santé de son corps et pour le salut de son âme : » et il faut voir avec quel empressement, quelle délicatesse, quelle persévérance elle prodigue à l'un et à l'autre ses soins et ses sueurs. La *mortification* la presse à son tour : o nature, nature, en vain tu réclames et te révoltes ; la grâce est plus forte que toi, tu seras vaincue ; tu voudrais te reposer, marchons où la volonté de Dieu nous appelle. Enfin l'*humilité* : peut-être, dans l'ordre de la société, elle serait de beaucoup au-dessus de ces malades ; peut-être serait-ce à eux de la servir ? mais au souvenir de son Dieu humilié, anéanti pour elle, se baissant jusqu'à terre pour laver les pieds de ses disciples, elle dit : « Pour lui je serai leur servante, je m'abaisserai pour lui aux services les plus humiliants. » Et qui pourrait dire la vertu secrète, la grâce de conversion qui sort d'un si beau dévouement pour toucher et changer le cœur de ceux qui sont les objets ou les témoins de sa tendre charité !

A propos des infidélités à la règle, dans cette matière délicate où il est si difficile de déterminer ce qui est péché, si dangereux de fausser les consciences par l'exagération ou de les laisser dans une paix perfide en ne leur montrant pas le précipice où conduit la négligence des petites choses, avec quelle adresse il sauve les règles de la théologie en protégeant celles de la communauté ! « Voulez-vous, dit-il à ses religieuses, renverser « de fond en comble la maison qui vous nourrit ? « Le moyen le plus sûr, le plus expéditif est de « violer *ouvertement* la règle...... Vous lui nuiriez « beaucoup moins en détruisant ses fondements « par violence ; car alors le matériel seul serait « compromis ; elle pourrait encore du moins finir « avec honneur, laissant après elle une réputa- « tion sans tache ; mais périr par l'inobservance « des règles, c'est périr avec honte et s'ensevelir « sous l'ignominie du scandale. »

Nous espérons avoir tenu la parole donnée au commencement de cette Notice, et procuré à nos lecteurs une de ces bonnes connaissances dont s'enrichit toujours volontiers la mémoire des hommes d'intelligence et de cœur. Nous avons considéré M. l'abbé Tuvache dans la triple fonction d'administrateur, de théologien et de prédicateur ; nous l'avons vu , conformément au vœu que lui-même avait émis, usant avec grand profit au service de l'Église sa vie tout entière, qui n'avait pas besoin d'être aussi longue pour remplir un temps considérable, *explevit tempora multa*. A une vie si pleine de mérites et de bonnes œuvres , Dieu semblait devoir accorder la fin qu'il réserve à ses prédestinés : et s'il ne lui a point donné, comme à plusieurs de ses confrères, de sceller de son sang la foi pour laquelle il avait tant combattu, il a du moins permis qu'il mourût sur la brèche, qu'il fût comme enseveli dans le glorieux drapeau de son saint ministère. Le jour de Pâques de l'année **1823**, appelé, en sa qualité de doyen du chapitre, à célébrer l'office dans l'église de Saint-Ouen, où se réfugiait alors le clergé de la métropole incendiée, il fut saisi d'un froid mortel qui, trois jours après, enlevait à notre diocèse son docteur, aux pauvres et aux religieuses un tendre père, à tous les prêtres l'homme de leur confiance, à l'Église de Dieu un de ces ministres puissants en œuvres et en paroles qui font sa joie sur la terre et sa couronne dans les cieux.

Rouen, imp. de H. Renaux, rue de l'Hôpital.